LE
MARÉCHAL BRUNE

Par LACOSTE (du Bouig)

Juge au Tribunal civil de Brive

Officier d'académie

Avec une Introduction

Par *Edouard Gouin.*

ÉDITION POPULAIRE

BRIVE

IMPRIMERIE J. VERLHAC, RUES DE CARBONNIÈRES ET DE VERLHAC

1878

LE
MARÉCHAL BRUNE

Par LACOSTE (du Bouig)

Avec une Introduction

Par Edouard Gouin.

> On remplit un devoir en rappe-
> lant aux jeunes générations les
> exemples de ces hommes de fer
> que Dieu nous donna pour empê-
> cher la France de périr.
>
> Général DU BESSOL.

BRIVE

IMPRIMERIE J. VERLHAC, RUIS DE CARBONNIÈRES ET DE VERLHAC

—

1878

LE

MARÉCHAL BRUNE

Nous avons à peine vingt ans,
et sommes unis d'amitié. Les
événements nous sépareront ;
mais nos écrits vivront ensemble
si Dieu leur prête vie.

E. GOUIN.

BRUNE est un de ces noms comme il faut en crier à notre porte, si l'on veut que le sommeil ne s'installe pas chez nous. L'indifférence projette souvent son ombre sur les célébrités les plus illustres. Lorsqu'il reste, à nos côtés, quelque Tyrtée veillant avec sa lyre fidèle et dévouée, sachons-lui gré de son courage.

Eh bien, le chantre est là qui veut solenniser une grande illustration pour remuer de grands cœurs.

Où nous mène-t-il ? — Sur une tombe.

Que cela n'étonne point. Un peuple de l'antiquité ne s'en allait pas à la bataille sans avoir, pour escorte, les cendres de ses héros, et ne s'en retournait jamais indigne d'elles.

L'homme que va chanter le poète, il vous le devait,

parce qu'il a jeté son premier regard au même ciel qui protégea le berceau de Brune. Si M. Lacoste a choisi son sujet parmi ses compatriotes, vous n'en conclurez point qu'il vous importe peu dans un hommage à Brune qui ne sera pas né auprès de votre maison. L'héroïsme a droit de cité dans tous les pays. On caresse encore avec amour ce souvenir des clefs de Châteauneuf présentées au cadavre de Duguesclin. Quand l'ennemi se courbe ainsi devant nos célébrités, que ne devons-nous pas faire !

Sans chercher ailleurs que chez notre héros, Brescia ne lui envoya-t-elle pas un sabre d'or ? Allez à Vérone, on vous montrera une médaille frappée à la gloire de Brune. A Turin, un buste exécuté par le ciseau de Comelli fut décerné au général français par le jury d'instruction de la ville.

Je ne vous parle ni de présents offerts par les gouvernements de Berne et de Hollande, qu'il n'accepta qu'à la condition d'en gratifier ses soldats ; ni d'une armure magnifique reçue des mains de Bonaparte ; ni de ces lignes de M. de Talleyrand :

« Tout ce qui sait apprécier les hommes, trouve que » les plus belles destinées vous sont réservées. »

Mais je dirai que nous avons un intérêt puissant dans cette feuille de notre histoire. Que de dissensions n'a-t-il pas étouffées à Aix, à Marseille, à Grenoble, à Nice, à Avignon, à Paris, partout ! Que de souvenirs n'a-t-il pas laissés dans toutes sortes de commandements !

Moi qui revoyais naguères ma chère Vendée, je m'entretenais des hommes de la Révolution avec un de nos vieux paysans dont le cœur reste longtemps chaud et la mémoire longtemps fraîche.

« Tenez, disait-il, voulez-vous une âme d'or et de bronze? citez-moi Brune. Lorsqu'il approchait, *bleus* et *blancs* se seraient presque embrassés ! Avec des chefs semblables au pouvoir, je ne sais trop si nous n'aurions pas souffert que la France s'appelât république. »

Pour perpétuer la mémoire de l'expédition de Hollande, où, par des merveilles stratégiques, Brune mit les alliés dans une déroute complète, imposa une capitulation au duc d'York et s'empara *du Helder*, une rue de Paris fut honorée de ce dernier nom.

La contrée natale de Brune n'a point été ingrate non plus. Au retour de sa seconde campagne d'Italie, un quai orné d'arbres sur la Corrèze fut appelé *quai de Brune*, et il y a aujourd'hui, à Brive, une *place Brune*.

On a fait mieux encore : une statue du Maréchal va être posée au sein de la charmante île de *Guyerle* (1). Maintenant, la poésie veut élever, à son tour, son monument d'admiration et de reconnaissance.

Le 13 mai 1763, Brune avait vu le jour dans la ville de Brive. Les titres de noblesse de sa maison étaient une vieille réputation de vertu et de savoir : ces titres-là sont les plus beaux du monde.

Issu d'une famille attachée au barreau, son père l'envoie aux cours de jurisprudence de Paris. Le voilà dans

---

(1) La statue a été inaugurée en 1841, après la publication de cette brochure.

la vie ; et d'ici au sanglant dénouement, quel drame, que cette vie ! Entre le Compositeur-Typographe et le Maréchal de France, entre le Grand-Cordon de la Légion-d'Honneur et le Martyr d'Avignon , quel monde de secousses étranges !

Il est à Paris, étudiant le droit. Un jour, il suit le courant de cette jeune foule qui, venue avec les intentions les plus juridiques, s'en va bientôt *plaider* une vente de manuscrits aux oreilles d'un éditeur.

Mais comme de là-bas, des yeux paternels ont plus de peine que des yeux de vingt ans à se laisser prendre au mirage, ils deviennent sévères ; et il faut essayer, alors. d'aller seul gagner l'oasis. C'est ainsi que plusieurs années de procédure aboutirent à jeter Brune d'un banc de l'école à une casse de compositeur. De là un petit livre, mi-prose mi-vers, qui eut pour titre : *Voyage sentimental dans quelques provinces de France.*

Puis il entreprend de monter une imprimerie, ne réussit pas ; puis, pour ne s'épargner aucun déboire, rédige *la Cour et la Ville*, feuille aristocratique, lui qui devait, à quelques jours de là, serrer la main à Danton.

89 éclate ; le choc de l'électricité frappe le cœur de Brune. La guerre tonne, il part, s'élance en Belgique. Dumouriez et Kellermann regardent derrière eux : un jeune homme demande une place à l'avant-garde. Chacune de ses entrées en lice, à l'avenir, sera signalée par un haut fait.

Nous et lui nous étonnons l'Europe. A Nerwinde pourtant le torrent de nos triomphes se repose. Le désastre fond dans nos rangs. Eh bien ! le jeune officier est là, qui fait avec une telle vigueur qu'un ralliement s'opère. Les plus anciens généraux s'inclinent comme devant un miracle.

Puis, dans l'intérieur de la France, bien d'autres missions non moins honorablement accomplies. Puis le 13 vendémiaire.

Ce jour-là, Barras avait une forte besogne ; Brune accourt, et, si vous avancez jusqu'à la rue Vivienne, vous pouvez le voir à la tête de son poste, où tant d'habileté signale sa conduite qu'il est mesuré par un œil d'aigle qui passait. Vous n'ignorez pas quel était ce regard puissant qui présidait avec Barras à la journée du 13 vendémiaire.

Brune fut interpellé.

— Je vous ai remarqué déjà dans les provinces du Midi.

— Moi, Général, je vous ai admiré partout, et n'ai trouvé d'égal à vous... qu'un lieutenant d'artillerie à Toulon.

— Le lieutenant de Toulon vous donne une brigade à la prochaine guerre.

L'année qui suivit, Brune et le général se retrouvaient sur le ventre des Autrichiens. Le général était maître de la Lombardie ; Brune s'illustrait à Rivoli, et non loin de Vérone, à la tête du soixante-quinzième de grenadiers, décidait, par la fougue de ses attaques, le succès de la brillante affaire de Saint-Michel.

Il fut mandé au quartier-général.

— Eh bien ! dit le général en chef, vous êtes venu à mon appel ! Je vous en félicite, car je n'ai trouvé d'égal à vous... qu'un officier d'artillerie, le jour du 13 vendémiaire. Votre rang dans l'armée ?

— Général de brigade à la division Masséna.

— Vous êtes désormais... général de la division Brune.

Peu d'instants plus tard, deux hommes dressaient le plan d'une victoire nouvelle : le général en chef Bonaparte présentait un fauteuil au général de division Brune.

Quelques mois après, en mars 1798, Brune retournait de Suisse en Italie, à son tour général en chef, tandis que Bonaparte allait aiguiser sa grande épée au front des Pyramides.

L'année suivante, une escadre anglaise débarquait sur la côte de la Hollande ; Brune est investi du commandement de l'armée franco-batave. Aidé d'un corps de troupes infiniment trop faible, il défend à la fois mille points accessibles. A Beverwyck, il nous sauve par une retraite sage autant que rapide, et couronne sa campagne par un traité qui brise les chaînes de 8,000 Français prisonniers en Angleterre.

Bonaparte était de retour d'Egypte, et ne dormait plus. Il envoya Brune dans l'ouest de la France, général de la seconde armée de réserve, et, au retour d'une troisième expédition en Italie, ambassadeur près la Cour ottomane. Noble fut sa représentation. Le commerce et l'industrie furent hautement favorisés ; il fonda nos relations avec la Perse, et fit connaître à Constantinople les produits de nos fabriques ; il revint en 1805, maréchal de l'Empire et grand-aigle de la Légion-d'Honneur.

Il repartit pour Boulogne, afin d'y commander notre armée des Côtes Britanniques, ensuite pour la Poméranie, où son séjour si glorieux lui devint si fatal. C'est là qu'après un armistice violé par la marine suédoise, il sollicita du roi une conférence.

Voici les dernières paroles qui furent échangées :

— Maréchal, vous avez assez servi les intérêts du despote, laissez-moi vous dire un mot des vôtres.

— Les intérêts de ma patrie sont les miens, Sire.

— Encore quelques jours, et une attaque universelle frappe à mort le parti de Napoléon.

— Sire, nous cessons tout à fait de nous entendre.

Le lendemain, on lisait à l'ordre du jour des troupes françaises :

« *Un monarque a osé profaner la majesté royale en se chargeant d'offres de corruption qui déshonorent.* »

Quoi qu'il en soit, l'envie et la calomnie osèrent répandre contre le Maréchal que, « *depuis Pharamond, rien ne s'était vu de plus scandaleux.* » Brune perdit, avec son commandement, la bienveillance de Napoléon.

Jusqu'à 1815, c'est-à-dire sept années durant, nous n'entendons plus parler de Brune. Lors des Cent-Jours, il est élu chef de l'armée du Var. Bientôt après, un ordre de Louis XVIII le rappelle à Paris. Mais un complot l'attendait à Aix. A quelques pas d'Avignon, on le reconnaît, et la populace étend ses griffes et s'écrie : « Ma victime est à moi ! »

Vingt années plus tôt, dans cette même ville, il avait arrêté des mers de sang.

Alors que tout invitait à la violence, Brune avait su

maintenir sa nature conciliatrice ; alors que tant de boue se mêlait à l'édifice de la révolution, Brune avait passé sans se tacher à rien ; alors que la rapine était de mode chez les administrateurs des régions conquises, Brune donnait ses preuves de désintéressement dans la Suisse, la Hollande, en tous lieux ; alors qu'on se jetait sur les pouvoirs par toutes les avenues, il lui était proposé un ministère pour prix d'une insurrection maîtrisée dans le Calvados, une ambassade à la cour de Naples, après le traité de Campo-Formio ; et il refusait toujours. Il lui fallait l'immense plaine de la bataille ; il eût étouffé dans les impasses de la diplomatie.

Là-bas, la générosité prend ses allures plus larges. Si le cri de l'indépendance l'emporte en Italie trois fois, et s'il daigne accorder une paix à l'Autriche, il lui imposera l'affranchissement de tous les Cisalpins qu'elle gardait en captivité.

En 1795, à la prise du col de Monte, les Autrichiens fuient devant nos armées. Pendant dix heures nous avons marché au travers des neiges. Le froid est d'une telle intensité que le vin se gèle dans les bidons. Eh bien ! un officier ennemi se jette à la rivière afin de nous échapper. Le malheureux va périr ! Un autre officier se précipite à l'eau, le saisit et le porte dans une maison voisine. Cet autre officier est un Français, et ce Français..... Brune !

Dans son expédition de la Poméranie, le pillage se déclare à Pazewalck : un corps d'armée se dirige vers une maison d'apparence confortable. On vient dire à

Brune qu'elle est la propriété de Kalreuth, vieux général prussien ; il s'élance au-devant du seuil et s'écrie :

« Camarades, un brave demeure ici, cet asile est
» sacré. »

Savez-vous de quelle récompense on paya cette belle
action ? En 1814, Blücher se trouvait à Saint-Just, en
Champagne. Il y avait là une maisonnette que tout voyageur cherchait à entrevoir pour la saluer : elle apparte-
nait au Maréchal ; le Vandale la réduisit à ses derniers
décombres.

Que d'enseignements dans cette vie si tourbillonnée !
Puis, au bout, quel abîme !

Depuis l'attentat, trois années s'écoulèrent, et la jus-
tice n'informa point. Un jour, une adresse signée par
les habitants de Brive fut remise à la maréchale Brune,
et cette femme alla demander réparation pour la victime.
Une voix éloquente l'assistait. Grâce à l'énergie de M.
Dupin et de sa noble cliente, la mémoire du martyr fut so-
lennellement réhabilitée..........

Si jamais on vous demande quel est ce soldat de
bronze, lisez-leur le chant que vous allez entendre. Plus
tard, si vous rencontrez au milieu de l'île de Guyerle, le
poète incliné par l'âge, il vous demandera encore d'aller
glisser à vos enfants quelque autre récit au travers d'une
caresse.

Les grands exemples, voyez-vous, poussent aux gran-
des ambitions. Puis, derrière les tempêtes luisent des
soleils. Si la roche Tarpéienne est là, le Capitole est ici !

LE
MARÉCHAL BRUNE

Par LACOSTE (du Bouig)

> Le peuple est ardent, mais il est bon ; s'il devient terrible, c'est qu'on le trompe.
>
> BAILLY.

I

Quand le torrent qui gronde écartèle ses digues,
Quand le peuple ameuté par de puissantes ligues
Se roule furieux, tous deux portent la mort ;
Mais si, malgré sa force, et la haine, et l'envie,
Le peuple enfin honteux d'une rage assouvie
S'arrête, alors le peuple a pour lui..... le remord !

Sur un soupçon jaloux ayant donné l'alerte,
Du premier des Césars Rome pleura la perte ;
Toi, France, au souvenir d'un sublime empereur,
Tu comptes tes regrets par tes élans de cœur !
Tu marquas bien souvent, hélas ! d'ignominie
Tes plus grands citoyens, et tuas le génie !

C'est ainsi : notre vie à nous est un enfer
Où l'âme s'abrutit et devient fange ou fer ?
Soit révolution, soit réaction forte,
Juste, injuste, avant tout chacune nous apporte
Des crimes et du sang sous un prisme d'honneur,
Et nos fronts sont encor flétris par le malheur !

Héroïque soutien des gloires populaires,
Brune, quel fut ton sort ?... Un jour, tes propres frères
Qui, pleins d'orgueil, cent fois avaient mêlé ton nom
Au nom si radieux de leur Napoléon,
Des Français, en un temps de tourmente et de rage,
Tigres injurieux, mais tigres sans courage,
Par un assassinat payèrent tes hauts faits !
— Toujours l'ingratitude est le prix des bienfaits !

II

Sans dérouler aux yeux une trop longue histoire,
Que mon chant soit compris ; il paie à ta mémoire,
Brune, un tribut bien cher ! De ta vie, autrefois,
Quand un père attendri me disait les exploits,
Les amères douleurs, oh ! déjà ma jeune âme,
Attentive au récit, sentait comme une flamme
Qui l'inspirait de toi : triste de tes revers,
Heureux de tes succès, je bégayais des vers :
Et quand j'avais décrit le martyr patriote,
J'ajoutais au tableau le mot... compatriote !

J'étais encore enfant ; mais l'enfance sans voix
A du sang qui pétille et surgit quelquefois !
Grandir ! oui, c'était là toute mon espérance,
Grandir pour retracer mes souvenirs d'enfance
Et pour te chanter, Brune, ô héros immortel,
A qui la liberté doit encore un autel ! (1)

III.

Simple comme la fleur d'automne
Qui s'ouvre aux premiers feux du jour,
Et belle ainsi qu'une madone
Au front paré d'un saint amour,
Il est au midi de la France
Une oasis, une villa
Qui berça mon adolescence.
Du voyageur qui passe là,
Le regard captivé s'arrête
Pour admirer sa blonde tête
Que couronnent des ormeaux verts ;
Pour sa Corrèze et ses fontaines,
Sa *Guyerle* aux fraîches haleines,
Ses jardins de lilas couverts.

---

(1) La statue du Maréchal a été inaugurée dans l'année de la publication
de la poésie de M. Lacoste (du Bouig).

Ce climat doux à la brise embaumée,
Ce paysage au ciel charmant,
C'est Brive, plaine bien-aimée,
Ma villa qu'on admire tant !
C'est le lieu béni de naissance
De Brune, l'enfant ignoré ;
De Brune, Maréchal de France !
D'une noble ardeur inspiré,
Durant ses loisirs de jeunesse,
Poète, il chantait la grandeur ;
Et le poète avec ivresse
Réalisa son chant du cœur !

Voyez !... un météore a brillé dans l'espace,
Le ciel s'est coloré d'une teinte de feu ;
Sous l'habit du soldat le rêve d'or s'efface,
L'enfant devient un homme et l'homme un demi-dieu !

— Mais le fiel a terni la coupe de la gloire.
Lui qu'on vit mille fois, sur un char de victoire,
Des peuples ennemis défier la fureur ;
Lui qui ne fut jamais parjure à l'empereur,
On l'accuse ; l'envie aux cent bras l'environne ;
Quand son éclat s'affirme, on sape sa personne.
La ligue fait son œuvre ; et le grand parvenu
Est arrêté soudain par un souffle inconnu.
On l'accuse ; son chef le disgracie ; et Brune
Digne dans les succès, fier devant l'infortune,
Aux soldats attristés va porter ses adieux,
Quelques pleurs seulement s'échappent de ses yeux !

C'est alors qu'il fut doux à son âme alarmée
D'entendre un long sanglot s'élever de l'armée !
De voir des vétérans blanchis sous les lauriers,
En ce moment de deuil, se prosterner aux pieds
Du héros qui toujours à son rang de bataille
Sut protéger leur front des feux de la mitraille !
On entendit, après ces accents de douleur,
S'élever pour sa cause une sourde rumeur,
Mais avant de partir il conjura l'orage.

A Saint-Just, paisible village
Dans la Champagne isolé,
Son esprit rêveur, désolé,
Voulut, du moins, vivre tranquille
Dans l'oubli d'un modeste asile.
Loin des inimitiés des cours,
Là, par les douceurs de l'étude,
Il consolait sa solitude ;
Pour lui renaissaient d'heureux jours !

Plus tard, du fond de sa retraite,
Il pleura les malheurs qui courbèrent la tête
Du colosse au loin redouté
Qui, sans les trahisons vingt fois coalisées,
Eût foulé sous ses pieds les couronnes brisées,
Et que le monde eût écouté !

Et puis, lorsqu'un vaisseau de France
S'enfuit à l'île d'Elbe où tout devait finir,
S'il vit s'évanouir la suprême espérance,
Il conserva le souvenir !

IV

Le drapeau des Bourbons, aux plis larges et pâles,
S'agite dans les airs, couvre nos cathédrales ;
L'Empire est abattu ; la Restauration
A proclamé ces mots : Paix à la nation !
Et ce cri, si longtemps étouffé comme un crime,
Déjà dans bien des cœurs semble un écho sublime !

— L'aigle au regard perçant peut-il vivre sans air ?
Louis règne !... Aussitôt, prompte comme l'éclair,
Une voile paraît, elle grandit, s'avance ;
Sur le sol des Français un exilé s'élance,
Toujours environné de l'éclat du vainqueur,
Et l'armée a crié : « Vive notre empereur ! »
Et voilà les Cent-Jours ! Le drapeau tricolore
Chasse le drapeau blanc, nous électrise encore !
Mort à nos ennemis ! Peuples, rois, à genoux !
Le boulet sur vos fronts se relève en courroux !
Vous tous, nobles guerriers que rien ne sut abattre,
L'orgueil des nations vous brave, il faut combattre !
Brune, prends ton essor ! ici ne vois-tu pas
Des palmes à cueillir et la mort sur nos pas ?

Brune, salut à toi ! salut à la grande âme
Oubliant un affront quand l'honneur la réclame !

On t'appelle, tu pars, tu voles, radieux
De triompher enfin de tous les envieux,
De servir ton pays que l'Europe harcèle,
Et de te montrer fort, surtout lorsqu'il chancelle !

V

Mais, silence !... de Waterloo
S'échappe un long cri d'agonie !
Contre la trahison s'est brisé le génie,
La victoire a trouvé son sublime tombeau !

C'en est fait, une lourde chaîne
Enlace le lion pour toujours terrassé ;
Il va mourir à Sainte-Hélène !
— France, ton soleil s'est glacé !

Adieu, projets si grands ! adieu, vastes conquêtes !
Ne tremblez plus, royales têtes,
Il est tombé le peuple roi !
Écoutez... au loin furibonde
La réaction marche, gronde,
Et lance la mort ou l'effroi !

Déjà le Maréchal, que la clameur hostile
Raille et poursuit, n'a plus même un asile ;
On le presse, on l'entoure, on l'arrête, et parfois
Se font ouïr d'épouvantables voix !

Bientôt le tourbillon du peuple s'alimente,
    A chaque pas il grossit, il fermente,
Il se pousse, il se rue, il s'élance plus fort...
Enfin c'est une mer prête à vomir la mort !

VI

Avignon, ville austère, Avignon la papale
Nourrissait dans ses flancs cette haine brutale.
Contraint d'abandonner les bataillons du Var
Qu'il commandait en chef sous un autre étendard,
Brune n'avait pour lui qu'une bien faible escorte.
Moulin, un hôtelier à l'âme droite et forte,
Avec le portefaix Vernet, au général
Venait d'ouvrir l'hôtel nommé *Palais Royal.*
La foule était immense, et les portes barrées
Fléchissaient sous le poids des colonnes serrées ;
Le terrible *Zaou* (1) volant de toute part
Accusait les serpents de déchirer trop tard,
Et Vernet et Moulin, seuls dans cette tourmente
Repoussaient vaillamment la masse rugissante...
Il devait succomber, ce généreux effort !
Quelques audacieux, Farges et Rochefort,
Escaladent les murs ; déjà la populace
Pousse un rire infernal et marche sur leur trace ;

---

(1) Mot qui dans la langue du pays veut dire *tuez, déchirez*.

On envahit l'hôtel ; le Maréchal surpris
Aux clameurs des bourreaux répond par le mépris,
Et Farges, écumant de colère et de rage,
Est un instant troublé par un si grand courage !
Il lance un coup de feu d'un poignet chancelant,
« Le maladroit, qui manque un homme à bout portant ! »
Dit Brune ; et Rochefort, plus hardi dans le crime,
D'une main assurée a frappé la victime...
Le sang du Maréchal jaillit, et de son cœur
La flamme a remonté vers un séjour meilleur !

Comme un loup affamé qui voit tomber sa proie,
Le peuple en ce moment a tressailli de joie.
Le corps sur la civière à peine est descendu,
Que ce cri : « Qu'on le jette au Rhône ! » est entendu ;
Et pour mieux assouvir sa fureur meurtrière,
Le peuple vers le Rhône entraîne la civière.
Là, sur le *Pont de bois*, fier de sa lâcheté.
Il dépouille à l'envi le corps ensanglanté ;
Ses griffes de vautour soulèvent la victime ;
Mais avant que le flot l'accueille en son abîme,
La foule veut lui rendre un *militaire honneur*,
Et vingt coups de fusil frappent l'endroit du cœur !
Pour couronner ce jour de si bonne fortune,
On grave sur le pont ces mots : « Tombeau de Brune ! »

— Le fleuve ne fut pas complice des bourreaux :
Les membres du martyr, emportés par les eaux,
Tout près de Tarascon sont jetés sur la grève.
Au bruit de cette mort Tarascon se soulève ;

Jalouse du forfait de sa sœur Avignon,
A ce vil sacrilége elle attache son nom :
Poursuivi sans pitié par l'insulte et l'outrage,
Le cadavre meurtri roule de plage en plage,
Et les flots indignés l'emportent avec eux...
Loin de là, sur les bords d'un îlot noir, fangeux,
Un loyal citoyen, un vieillard vénérable,
Recueille les lambeaux dispersés sur le sable,
Et, pour les dérober à tout affront nouveau,
Il va secrètement leur creuser un tombeau !

VII

Durant ces temps affreux, noble épouse de Brune,
Tu n'as pu que gémir sur ta grande infortune !
Plus tard, lorsque le peuple eut vomi ses fureurs,
Pâle, les yeux ternis, mais fière en tes douleurs,
Tu vins, comme autrefois le Priam de l'histoire,
Redemander la cendre et relever la gloire
Du héros que dix ans tout un peuple admira,
Et que dans un transport de rage il déchira !

Pardonne à ses bourreaux ; si leur main dévorante
Par l'outrage et la mort crut pouvoir le flétrir,
Femme, le ciel te venge, et d'une ombre sanglante
Sans cesse il les poursuit comme un noir souvenir !

Farges et Rochefort de leurs cris inutiles
Ont beau lasser le ciel ; pareils à des reptiles

Ils rampent sur le sol et meurent sans secour ;
Rongés par des douleurs jusqu'alors inconnues,
Leurs membres par lambeaux ensanglantent les rues ;
Leurs os semblent craquer sous le contact du jour !...

— Et vous qu'épargne encor cette horrible agonie,
Vous qui, porteurs de croix, vivant dans les honneurs,
Pensez que du Très-Haut la colère est finie,
Vous n'échapperez pas à ses regards vengeurs !

LACOSTE (du Bouig).

Paris, 1841.

Brive. — Imprimerie J. VERLHAC, rues de Carbonnières et de Verlhac.